LES SOIRÉES

DU

BOULEVARD COBLENTZ.

De l'imprimerie de J.-B. IMBERT,
rue de la Vieille-Monnaie.

LES
SOIRÉES

DU

BOULEVARD COBLENTZ,

Par P. CUISIN,

Auteur de quelques Romans.

A PARIS, -

Chez les marchands de nouveautés.

1815.

LES
SOIRÉES

DU

BOULEVARD COBLENTZ.

~~~~~~~~~~~~~~~~~~~~

QUELQUES RÉFLEXIONS

SUR LE BOULEVARD COBLENTZ.

Tous les regards de l'Europe paraissent exclusivement fixés sur le Palais-Royal ; les merveilles de ce superbe bazar s'approprient l'admiration de tous les étrangers, et les sérails nombreux qui l'embellissent, ne peuvent sans
~~~~~~~~~~~~~~~~~~~~

doute qu'augmenter sa brillante célébrité ; mais pourquoi donc beaucoup d'autres parties et promenades de la capitale ne jouiraient-elles pas, comme ce palais, du tribut d'éloges et du dégré de renommée qu'elles se sont acquises, chacune dans leur genre ?.... Je compte vingt endroits pour un, qui, dignes d'être célébrés, sans doute par une autre plume que la mienne, tombent dans un certain oubli, ne vivent dans aucun ouvrage descriptif, ou ne jouissent que de l'existence éphémère des conversations, parce que le Palais-Royal, avide de louanges, comme un tyran enivré de succès, absorbe toutes les pensées, arrache tous les suffrages, et, pivot mobile de toutes les passions, ne permet pas en quelque sorte aux monumens subalternes de recueillir la part de reconnaissance et de réputation que leur mérite et leurs agrémens ont depuis long-temps acquise.

Le Boulevard Coblentz, si piquant par sa physionomie toute particulière, est du nombre de ces illustres disgrâciés, qui depuis quinze ans, théâtre commode de la vanité, du plaisir, de la dissipation et du bon ton, ne porte que des ingrats sur sa terre dédaigneusement foulée aux pieds. C'est en vain que son *sein végétal* reçoit et souffre les piétinemens d'une foule avide et empressée de se montrer sur ses parages, que ses *flancs généreux* accueillent bénévolement, pour l'agrément des hommes et surtout pour les intérêts de la beauté des femmes, deux haies de chaises mercenaires, trônes et estrades mobiles des brillantes toilettes qu'on y vient étaler ; toutes ces concessions généreuses de la part du Boulevard Coblentz sont ingratement oubliées par ses contemporains ; le chantre du Pont-des-Arts, des

Galeries-de-Bois et maints feuil-
letonnistes fameux n'ont pas paru
vouloir condescendre à venger ,
d'un jeu de leur brillante plume,
cet infortuné délaissé par les auteurs du jour , si ce n'est dans
quelques articles fugitifs de ga-
zettes , où l'on effleurait super-
ficiellement *ses mœurs , son peuple , ses costumes* , et ses productions *indigènes*. Je me suis flatté
un moment que le profond et aimable auteur des Moeurs Parisiennes , ouvrirait un vaste cha-
pitre dans son ouvrage , pour y
recevoir dignement le Boulevard
Coblentz ; mais j'ai été douloureusement trompé dans mon at-

tente , et ce monument semi-champêtre , semi - citadin de la Chaussée-d'Antin , depuis long-temps privé d'une muse faite pour le chanter , augmentant chaque soirée le nombre de ses exploits galans , suit sa course tumul-tueuse , sans jouir de l'honneur, bien mérité sans doute , de voir comme le Palais-Royal , les faits et gestes de ses Soirées , de ses Nuits et de ses Matinées , re-cueillis sous la forme ingénieuse d'une brochure in-18, ornée d'une gravure allégorique ou romanes-que !.... Ne voilà-t-il pas de la par-tialité ?.... Que dis-je !.... de l'in-gratitude, de la cruauté. A défaut de talens, à défaut d'un esprit supérieur d'observation, et de la sagacité qu'a montrée M. Jouy dans toutes ses productions, j'évoquerai en moi le seul sentiment de la justice, pour soutenir et faire sortir d'une partiale obscurité le mérite même enseveli sous le poids de l'indifférence et de l'oubli des bienfaits ; et si de l'emporter je n'obtiens pas le prix,

« J'aurai du moins l'honneur de l'avoir entrepris ».

Faisons donc les Soirées du boulevard Coblentz, et après m'y être promené moi-même en attentif et scrupuleux observateur, composons-les de tous ces élémens graves, comiques, sérieux ou galans, qui s'unissent sur ce théâtre, et se payent le tribut d'une mobilité, d'une variété, comme celui d'un charme mutuel.

Tout n'y apporte-t-il pas sa part d'intérêt, de curiosité?... Et l'amour, ou pour mieux dire la galanterie, qui y joue le plus beau rôle, ne va-t-il pas bientôt grossir mes Soirées des traits les plus piquans de son répertoire?... Ainsi, pour mes chers lecteurs, le rideau du théâtre du boulevard Coblentz se lève; il est six heures

et demie pour la scène qui s'y
passe , et je commence l'exposé
et la narration de ma première
soirée.

~~~~~
~~~~~

PREMIÈRE SOIRÉE.

Je ne remonterai pas, comme on voit dans certaines descriptions de la capitale, à toutes les vicissitudes qu'a essuyées le terrain dont il est question ici ; je me garderai bien d'apprendre longuement au public, ce qu'il sait d'ailleurs aussi bien que moi, qu'en 17 , de vastes marais infects étaient à la place de la nouvelle et brillante ville qui attire aujourd'hui notre admiration, et *passant au déluge*, comme dit Petit-Jean dans les Plaideurs, je ne prendrai ce boulevard qu'à une origine très-connue et très-familière au public ; c'est celle de la révolution , où les fluctuations des opinions politiques, toujours si versatiles par elles-mêmes, donnèrent cependant à ce terrain *un sobriquet fixe*, immuable, que toutes les réactions survenues ne lui ont pas encore enlevé , et qui a su survivre aux bouleversemens les plus terribles : tel que le roseau de La Fontaine, il se plie docilement à tous les vents de l'adversité, de la mode et du caprice, et par sa faiblesse même résiste et renaît à tous les chocs.

On n'ignore pas que la nombreuse émigration en 89 , de tous les nobles fidèles à la cause sacrée du plus grand , comme du plus infortuné des monarques, fit don-ner au boulevard , alors appelé le *boulevard Italien* , le surnom de Coblentz, par la raison que toute la noblesse française se rendait , ou pour mieux dire , se réfugiait dans cette jolie ville qui se trouve située partie sur la Mozelle , partie sur les bords du Rhin ; le boulevard Coblentz devint donc à cette époque l'heureux écho de tous les clubs, des salons du fau-bourg Saint-Germain , de toutes les confidences des royalistes qui se correspondaient des bords du Rhin aux bords de la Seine ; le bonnet rouge n'y souilla pas de sa présence les beaux rassemble-

mens monarchiques qui s'y for-
maient; la bonne compagnie y
courait, comme à présent, en
grande affluence; et cette fidé-
lité inaltérable que cette même
bonne compagnie porte à cette
promenade, prouve bien l'amour
filial qu'elle conserve pour le pa-
triarche des boulevards. Véritable
Protée, séduisant caméleon, il
réunit tous les genres de figures
et d'attraits; au milieu d'un air
agreste et antique, on voit briller
dans tout son être des couleurs
modernes, un air de jeunesse,
de cour, d'élégance, et surtout
de galanterie; une jolie femme
s'y complaît; sa beauté, placée

2*

dans une heureuse perspective, dans un jour favorable, reçoit les hommages, les chuchotemens flatteurs de la *colonne montante*, de la *colonne descendante*, puis de celle du centre..... Véritables *péripatéticiens* (1), ces promeneurs infatiguables, privés par la pression de la foule, du mouvement de leurs bras, replacent sur leur physionomie tout le langage du geste, et, avides d'exprimer leurs pensées en pantomime, présenteraient, pour un spectateur sourd, les visages les plus grimaciers qui se soient jamais vus sur

____

(1) Philosophes de la doctrine d'Aristote, qui discouraient en se promenant.

le boulevard du Temple, où le cé-
lébre *Bobéche* tient ses burlesques
séances : sans doute il faut conve-
nir que les femmes n'y reçoivent
pas un concert d'éloges *à l'unani-
mité des voix*; chacun porte à cette
réunion le prisme de ses goûts, de
ses passions , de son caractère ,
de sa bonne ou mauvaise éduca-
tion ; par exemple , trois ou quatre jeunes gens se tenant tous par
le bras, et *attelés*, pour ainsi dire,
de cette manière fort incommode
pour les autres , regarderont im-
pudemment le beau sexe, sous le
nez ; leurs propos, leurs hommages même, ressemblent plutôt à
des insultes qu'à des remarques

obligeantes sur leurs attraits.... S'agit-il, par exemple, pour un jeune élégant, ivre de sa parure, de son jabot à canons empésés et du nœud *négligemment* symétrique de sa cravatte *réussie*, après le rejet d'une demi-douzaine d'autres malheureusement essayées et jetées avec humeur sur un fauteuil ? s'agit-t-il, dis-je, de faire remarquer à son émule en fatuité, qui lui donne galamment le bras, la belle *Céphise* arrivée de sa terre avec son aïeule ?.... Alors un *lorgnon* impudent la rapprochant de sa *miopie*, devient le commode médiateur qui lui fait comme toucher au doigt cette jeune beauté

qui se rit tout bas , et souvent
rougit pour l'effronté lorgneur
dont la vue a décliné par ton, et a
fini par devenir réellement mauvaise, à force de porter d'inutiles
bésicles....

C'est vraiment au boulevard
Coblentz, que le beau sexe a des
admirateurs *en foule* ; il est tout,
à la fois *l'allée des Veuves*, *la belle
allée des Tuileries*, *la terrasse des
Feuillans*, *le Pavillon de la Paix*
et *les baraques de bois* du Palais-
Royal; c'est le panorama univer-
sel sous mille rapports ; aimable
conciliateur, il rapproche les parties les plus opposées, sous les
légères bannières de la frivolité,

de la *flânerie*, de la coquetterie et
de l'habitude. . . . . Douairières,
généraux, femmes de banquiers,
grisettes, politiques, bourgeoises
endimanchées, gros marchands,
marchandes de modes, commis-
marchands, auteurs, romanciers,
coquines, vieillards, femmes en-
tretenues, enfans, clercs de no-
taires, caissiers de banque, con-
fondus ensemble, présentent une
fusion philosophique de toutes les
classes, de toutes les conditions.
Il est vrai que le Boulevard des
Variétés, digne rival de notre
héros, peut bien, à beaucoup
d'égards, soutenir les honneurs
de la fraternité; mais outre le res-

pect que ce dernier lui doit par droit d'aînesse , il n'est, à bien prendre , qu'un plagiaire , un avorton né des Variétés et du Panorama, auxquels il doit son existence de très - fraîche date en comparaison de la souche antique du BOULEVARD ITALIEN. C'est ainsi qu'un autre imitateur , le BOULEVARD DU JARDIN TURC, un brillant colifichet qui ne peut en aucune manière soutenir les regards de la haute noblesse de notre *Elysée-Citadin*, oppose avec un juste dédain , à ces nouveaux venus, ses vieilles armoiries., ses écussons, ses parchemins, aux brevets modernes de ces deux derniers boulevards, qui, tout chargés qu'ils sont des larcins de l'imitation et anoblis *avec toutes leurs dents* et non au berceau de l'enfance, comme le boulevard Coblentz, n'en méritent pas plus d'entrer en ligne d'égalité.

Examinons donc bien ce boulevard; comme l'homme à trois visages, il me paraît avoir, dans une journée de la belle saison, trois physionomies successives : la première sera celle du matin; la seconde, celle de six heures et demie; et la troisième, celle de neuf, dix heures, jusqu'à minuit, une heure; c'est vraiment un petit dieu *Janus*. Parcourons ces trois,

périodes sous les yeux de nos lecteurs , et regardons surtout très-
attentivement la composition du
personnel de cette promenade à la
première heure que je viens d'in-
diquer. .... Mais avant tout ,
ne conviendrait-il , en ma qualité
d'historiographe des temples, rues
adjacentes et des sites majestueux
de cette célèbre allée , d'en faire
connaître tous les détails, et, scrupuleux observateur de l'unité de
lieu, d'en décrire la partie topo-
graphique... Rien de plus facile ;
et les plans que j'ai déjà levés,
me mettent à même de satisfaire
pleinement le public. Le boulevard Coblentz commence à la rue

Lepelletier et finit à celle *Taitbout;* des deux côtés on compte à peu près quarante-cinq à cinquante arbres qui forment un dôme de feuillages, un berceau de branchages dont les claires-voies laissent apercevoir les bâtimens magnifiques qui les flanquent, et sur lesquels ils répandent leurs ombres et leurs reflets dans les glaces de ces mêmes bâtimens; la police jette sur ce point un coup-d'œil tout particulier; arrosemens fréquens, ordre, propreté, multiplicité de réverbères, tout annonce à cet égard le cas qu'elle fait de cette partie de sa surveillance. C'est vraiment dans *le centre* du bou-

levard Coblentz que sont ses trésors
et ses délices ; ses ailes de droite
et de gauche ne forment, à bien
dire, qu'un simple acheminement
aux charmes de son territoire et
de ses optiques ; on commence, à
la rue d'*Artois*, par se promettre
du plaisir ; au milieu, près de *le
Riche*, restaurateur, on en a réellement ; et *la fin*, près la rue
Cérutti, amène les regrets.

Revenons, de cette petite digres-
sion indispensable, à ma PREMIÈRE
PHYSIONOMIE, je veux dire celle
du matin : une foule de petits-
maîtres, d'élégans, de riches militaires, fils de banquiers, hommes
de cour, princes étrangers, dans

un *chenil* galant, offrent le coup-
d'œil et l'assemblage le plus gra-
cieux par l'aspect de bonheur et
d'enjouement qui respirent sur la
figure de tous ces personnages ;
ce n'est certainement pas là
qu'Héraclite aurait trouvé, parmi
toutes les calamités qui affligent
l'espèce humaine , de nouveaux
sujets de pleurs ; tout y annonce
l'opulence , le plaisir et la joie ;
vous y voyez nos généraux , la
gloire des armes françaises, y promener philosophiquement leurs
loisirs sous un modeste habit bourgeois , qui les dérobe à l'éclat gê-
nant de l'uniforme ; vous ne laissez
cependant pas de les reconnaître ;

le nombre de leurs décorations, de leurs ordres, approchant à peine de celui de leurs blessures, vous disent bientôt toutes les campagnes qui ont illustré les armées françaises dans l'Europe; et enfin, le maréchal de France n'a pas besoin de décliner son nom au boulevard Coblentz, il est bientôt reconnu à sa modestie et à ses lauriers. Un autre spectacle fixe ici votre attention : plusieurs *heureux du jour* descendant de leurs *boquets*, en faisant mille écarts de poitrine, montent lentement le petit perron à six marches de *Tortoni*, vont y déjeûner sans appétit, et ont soin de faire connaître à leurs interlocuteurs, à leurs voisins même, toute l'étendue de leur bonheur, de leurs richesses, soit en femmes, soit en chevaux, soit en bijoux, soit en cabriolets à cylindre de cuivre ; ils ne manquent pas de parler hautement de leur crédit à la cour, chez les ministres, qu'ils ont soin de nommer d'un ton cavalier; leurs lestes équipages, semblables à un jeu d'*onchets*, restés orgueilleusement sous les ombres tutélaires de nos modestes hêtres, annoncent aux passans comme un témoignage fastueux, la prospérité bruyante de leurs propriétaires ; le pauvre y jette un coup-d'œil d'envie, et même l'homme qui jouit d'une heureuse médiocrité ; mais surtout l'indigent chargé des livrées de la misère, voit avec un profond chagrin, à travers les grands carreaux du restaurant *Tortoni* ou *le Riche*, desservir des pièces tout entières à peine entamées ou touchées dédaigneusement des lèvres de nos heureux sybarites dont l'orgueilleuse oisiveté éloigne toujours l'appétit ; les yeux avides et jaloux de l'indigent, ses regards faméliques accusent ici secrètement les rigueurs du sort qui enlèvent barbarement *le stricte nécessaire* à une famille réduite sur la paille aux derniers besoins, et fait par

un caprice cruel et inintelligible,
refluer l'abondance sur le riche qui
en regorge déjà.....

La petite et jolie marchande de
cure-dents , ne manque pas de
saisir le moment où l'un de nos
à la mode sort, s'écoutant mar-
cher en faisant crier son élégante
chaussure et parcourant, comme
un comédien gagé, tout le cercle
connu des fades minauderies ;
examinez-le bien avec moi ; d'honneur, c'est un spectacle, et *Fleury*
même pourrait y prendre des le-
çons scéniques de fatuité pour
son rôle de l'homme à bonnes fortunes : une lèvre mordue sans nécessité, la paupière dignement

baissée, clignotante, un air sen-
sible de supériorité sur tous les
objets qui l'environnent, et de
l'affectation dans tous ses mou-
vemens ; voilà l'esquisse et les
principaux traits caractéristiques
d'un fat vide de sensibilité comme
de sens ; pendant qu'enivré de sa
fortune de parvenu, il se joue
dans ses grandeurs nouvelles, sa
sœur, sa tante, sa mère peut-être,
privée des premières nécessité de
la vie, languit à un cinquième
étage.... Le cruel !... il trouve
dix louis pour un acte de folle vanité, d'ostentation, pour un pari
affecté et scandaleux, il ne ren-
contre pas un sou pour ce pau-

vre qui l'assiège depuis un mortel quart-d'heure qu'il vient de passer le nez au vent, incertain s'il fera promener son ennui et son insignifiante perplexité dans son *boquet* : la petite marchande de cure-dents s'approche cependant, et comme elle le voit porter sa main à son gilet, plus par manie et pour dessiner son buste, que par tout autre motif, elle croit pouvoir saisir cet heureux à-propos d'offrir quelque chose de son petit magasin portatif ; mais la pauvre enfant se trompe grossièrement ; un mouvement de compassion, de pure générosité ne déliera pas les cor-

dons de la bourse de notre froid
égoïste ; *la prétention* seule en
aura le pouvoir : « Combien ga-
» gnes-tu par jour ? » lui dit-il
en élevant la voix et sans la regarder , et invitant ainsi tacitement à faire cercle autour de lui
quelques parasites secrètement
occupés depuis une demi-heure
du dessein de lui emprunter vingt-
cinq à trente louis, au moyen
d'une habile flagornerie . . . —
« Quelquefois douze sols, quelquefois huit, quelquefois rien ,
mon *beau Monsieur*.... » Ici il
ne manque pas de rire des avantages de sa supériorité, qui est co-
lossale comparativement à l'état

du *ciron*, de la *mite* qu'il a sous les yeux ; alors se balançant alternativement sur la pointe du pied et sur le talon, « Tiens, lui dit-il, en lui jetant une pièce de cinq francs sur ses cure-dents, voilà de quoi t'acheter des *terres* et des *châteaux* . . . » L'auditoire aussitôt d'applaudir, non au sens de générosité, de bienfaisance, que cette conduite renferme , mais au *bon ton*, aux formes élevées sous lesquelles elle se présente ; une foule de pauvres qui ont vu l'action d'un œil d'envie, attirés aussitôt comme les frélons près le miel, cherchent par leurs prières vraiment ardentes , à provoquer un second acte , non d'aumône, mais de fatuité; quelle idée!... le cœur qui ne s'est point ouvert dans cette occasion en faveur de la petite marchande, parlera-t-il plus pour eux?...—

« Retirez-vous, canaille, s'écrie-t-il, portant son mouchoir à sa bouche et comme ayant l'odorat blessé de leur approche; puis les *émouchetant* en cercle de la pointe de sa cravache, après avoir pivoté follement sur ses talons, il dit à Tompson son jockei, de le débarrasser des importunités dégoûtantes de cette racaille d'église; il part bientôt, après avoir vanté les jambes de *Lise*, sa petite bête de cabriolet;

et sans projet il va répandre son inutilité chez son tailleur, qui le vole, chez sa maîtresse qui le flatte et le dupe, et son ami de prédilection qui lui emprunte toujours et ne lui rend jamais ; je le vois s'en aller sans regrets, et sans en inspirer à personne. Aussi loin de lui porter envie, je me disais : pauvre mirmidon, si le vent de l'adversité souffle une fois sur cette tête sans cervelle, qu'il sera à plaindre, réduit à ses propres ressources, entouré des nombreux ennemis que son orgueil lui aura faits!... Sa famille, humiliée par ses grands airs, se réjouira de sa chute; et

resté lui-même étranger aux dou-
ces affectïons du cœur , l'amitié
ne viendra pas répandre son bau-
me consolateur sur les blessures
que lui aura faites la capricieuse
fortune qui l'aura précipité sous
sa roue. Pendant ce monologue,
oubliant bientôt le fat et ses fa-
tuités , je jetai les yeux sur une
jeune personne fort décente , fort
agréable, qui, accompagnée d'une
sorte de femme de chambre et
d'une jolie enfant, habillée à l'anglaise, culottée d'un petit panta-
lon de percale, richement brodé
et garni par le bas , présentait
vraiment un tableau intéressant ;
je vins m'asseoir sans affectation

près de ce joli groupe , et ayant
l'air de parcourir le Journal des
Débats, que la loueuse de chaises
m'avait apporté ; sous ce masque
j'écoutai attentivement le dialo-
gue à voix basse de notre *trio* féminin. — « Sidney, le colonel
de cavalerie anglaise, nous a bien
promis de venir, disait la jeune
personne; ainsi, Hortense, s'adressant ici à la femme de chambre,
tu peux être tranquille. — Ame-
nera-t-il bien sûr le comman-
dant prussien ? demandait cette
dernière.... — Il n'y a pas de
doute. — Ah! ajoutait la petite
fille fort grasse et fort jolie et
âgée d'à peu près huit à neuf ans,

je ne veux pas qu'il me donne si souvent. le fouet et surtout qu'il me morde *là*, comme il l'a fait hier à souper !... — Taisez-vous, petite bête, vous n'aurez pas un chapeau de castor blanc à plumes, comme je vous l'ai promis, si vous n'êtes pas aimable avec *tout le monde*.... — Ah ! oui, mais c'est ce que *ça me cuit* à présent, disait l'enfant. Ici elle reçut de la prétendue jeune personne une tappe fort bien appliquée sur l'épaule ; la petite fille dévorait ses larmes et murmurait tout bas : « Eh ! bien, ça m'est égal, je le pincerai, je l'égratignerai, s'il veut encore me mordre *là* et je lui pique-

rai avec une épingle *son gros.
doigt....* »(1) Ici notre demoiselle ,
d'un air tout-à-fait courroucé ,
lui imposa silence , en la menaçant de toute sa colère ; et jetant
en même temps les yeux autour

---

(1) Nous laissons subsister ce dia-
logue fait pour révolter , même les
moins honnêtes gens. Il peut avoir
son utilité en attirant l'attention de
la police sur le scandale horrible que
donnent d'infàmes créatures qui dé-
vouent à la prostitution jusqu'à l'enfance encore incapable de connaître
le vice. De pareils crimes devraient
être punis par tout ce que les lois ont
de plus rigoureux. (*Note de l'éditeur*).

d'elle, elle eut soin de s'informer par ses regards, si quelqu'un avait pu entendre les déclarations naïves et délatrices de l'enfant. Ici, je ne manquai pas, me voyant examiné, d'affecter un redoublement d'attention toute particulière à ma lecture. Cette affaire est louche, pensai-je, et tout ce que je vois ici n'est qu'un rôle étudié et de commande : effectivement, bientôt arrivèrent nos deux alliés ; leur calèche à la mode de Varsovie, conduite par un cocher russe à longue barbe, attelée de quatre petits chevaux polonais fort ronds et très - vifs, ne manquèrent pas d'attirer la cu-

riosité de la foule qui se forma
aussitôt ; nos deux championnes,
parurent radieuses de joie à leur
arrivée ; l'une d'elles s'adressant
à l'autre à voix basse : « Je t'a-
vais bien dit qu'ils seraient de pa-
role et que nos dix *frédérics*
étaient sûrs ; demain, si tu veux,
Hortense, je ferai ta femme de
chambre pour la partie de Versailles, et nous prendrons *Li-
lie*, la fille de notre portière, si
cette petite *bécasse - là* continue
d'être maussade avec *nos hommes !* ...

Quelle horreur ! pensai-je ! quel
excès de prostitution !... Et moi
qui avais la bonhommie de con-

templer avec un charme secret
cette prétendue jeune personne,
esclave des convenances , assise
décemment ici avec sa soi-disant
femme-de-chambre !... Maudit
Paris avec tes prestiges impos-
teurs !... Et toi , boulevard res-
pectable , quelle honte pour tes
nombreux hivers qui sont tes
cheveux blancs!... on profane ton
temple , tes ombres protectrices ,
seulement faites pour garantir le
teint de l'innocence des ardeurs
de la saison; on les rend favora-
bles au vice , et la plupart de tes
soirées sont consacrées à l'im-
moralité, aux liaisons adultères,
à la débauche même dont tu es

depuis long-temps devenu le trop complaisant théâtre.... Tels sont cependant (ainsi que d'autres épisodes par exemple, les rendez-vous d'une jeune femme avec un autre homme que son mari, le marché scandaleux d'une tante qui *négocie* sa nièce à un vieux et riche célibataire) ; tels sont, dis-je, les principaux traits qui composent le matin, la physionomie de cette promenade. Quelques particularités connues pourraient encore ajouter au tableau, mais ne me paraissant pas avoir des nuances assez piquantes, je les écarte, en priant mes lecteurs de les aller observer sur les lieux mêmes.

Le second point de vue, ou changement de décorations, qu'offre le boulevard, se fait remarquer à six heures et demie ; le dimanche principalement, il est brillant, c'est même une cohue, et peut-être plus que les mardis et vendredis qui lui sont particulièrement consacrés par la bonne compagnie avide d'y montrer le luxe de ses équipages et de ses atours. Composé d'une foule active, remuante, agissant en tout sens, le boulevard Coblentz se grossit encore des personnes qui ne se servent de ce *vomitoire*, que comme d'un *transit*, d'un passage amusant qui les achemine vers *Tivoli*,

Ruggieri ; c'est aussi par-là que passent les amateurs d'ascensions sur la corde tendue, à balons captifs ou lumineux : c'est comme un pont commode qui les rapproche de la rue du Mont-Blanc et de la chaussée d'Antin ; à peine si cette classe de petits bourgeois daignent seulement jeter un coup-d'œil sur le luxe des toilettes, des *vis-à-vis*, des calèches en osier vernissé qui ornent si agréablement tous les environs de ce boulevard et donnent là particulièrement à l'étranger la plus haute idée du faste et du *grandiose* de la capitale des capitales ; car de tel côté qu'il tourne ses regards

surpris, il n'aperçoit que magni-
ficence , architecture noble et
élégante, magasins du meilleur
genre ; et la vaste perspective qui
s'ouvre des deux côtés , d'abord
vers la Madeleine , puis vers les
boulevards Montmartre , plonge
son imagination dans un océan
de merveille dont tous ses voya-
ges lui ont à peine donné une
idée. L'immense population
étonne même le militaire; il la
présume soulevée , et prend alors
une juste idée des débuts de notre
révolution ; il finit par croiser les
bras d'admiration et ne com-
prend pas que tant d'ordre puisse
régner parmi tant de confusion...

Nous avons laissé un moment, par ce petit écart de style , nos dansomanes à *Tivoli*, ou chez l'ar-tificieux *Ruggieri*. Revenons à eux; voyez-les traverser brusquement notre promenade de Coblentz , laissant échapper un sourire de dédain et de pitié sur cette foule qui s'étouffe *par ton* et s'abreuve de poussière *par étiquette;* ils ne peuvent concevoir, et je conçois encore moins , que la fureur de montrer un habit neuf de chez *Castel*, une robe nouvelle coupée chez *le Roy*, puisse assujettir quelqu'un à passer quatre mortelles heures sur des chaises à chaque instant heurtées par des passans brusques, mal élevés ou indiscrets qui ne voulant pas se résigner à piétiner et à pivoter sur eux-mêmes une grande heure avec *la colonne montante* ou *celle descendante* que j'ai déjà citées, s'ouvrent énergiquement un passage à travers une société assise, trop polie pour le leur refuser après quelques excuses banales de leur part ; bientôt cette même société, victime de sa bonté, de son imprudente complaisance, est aussitôt froissée par un nombre d'égoïstes imitateurs qui avec un *mille pardons* à la bouche, ne laissent pas, pour la récompenser de sa bienveillance, d'essuyer leurs bottes aux pans des habits, ainsi qu'aux *ruches*, ou au triple rang de garnitures de robes de nos dames placées *à la montre* de la galerie.

Une marchande *de plaisirs*, armée d'un panier à quatre angles assez aigus, avec son « excusez, *monsieur*, » ne manquera pas pareillement de vous estropier les genoux et surtout d'encombrer la marche presque imperceptible du convoi bigarré, en s'arrêtant devant les groupes où il se trouve des enfans toujours très-gourmands de *plaisirs* et de gimblettes. La confusion augmentera bien plus si le Turc, son orgue et sa sultane favorite viennent près de l'angle du glacier *Tortoni*, chanter d'un style de chœur d'opéra les *jeux à la guerre*, ou *Babet trouva Colin*..... Mais le désordre, la fatigue, et à-la-fois l'enchantement seront au comble, si deux harpes portugaises accompagnant une belle basse-taille, viennent mêler leurs accens mélodieux au bourdonnement du public et des *cotteries* galantes qui, à la faveur du crépuscule du soir se sont rapprochées, s'entendent tacitement par le langage stimulant du genou, et souvent encore mieux par le manége d'une main égarée par l'amour et que l'amour même, ainsi que les

5 *

sens subjugués ont perdu la force de faire retirer d'une position envahie par la double séduction du plaisir et de la témérité....

LE SOIR (c'est-à-dire onze heures, minuit), qui est la troisième mutation que subit notre boulevard Coblentz, présente un autre monde et des desseins différens : autre temps, autres mœurs; la galanterie vénale, 'à la faveur du crêpe que la nuit vient d'étendre sur tous les objets, promène bientôt ses spéculations, d'une allure effrontée et impudique, soit près de *Tortoni*, soit vis-à-vis *Le Riche*, soit encore sur les con-

fins les plus obscurs de notre boulevard. Les principaux sérails du
Palais-Royal y fournissent des sujets.

En face de *Tortoni*, le reflet
lumineux des *quinquets* et la
clarté que jettent les reverbères
vous permettent parfaitement de
distinguer les traits, l'âge et la
taille de toutes ces belles de nuit.
Mais aux deux extrémités du
boulevard qui se trouvent dans
la plus grande obscurité, il est
impossible de distinguer même
la tournure de ces femmes philosophes *épouses d'un moment;* le
sens seul du *toucher* peut alors
suppléer à celui de la vue, pro-

cédé que ne manque pas d'em-
ployer un grand nombre de jeunes
gens et d'amateurs sans argent,
qui, ne pouvant *acheter du plaisir*
à un taux trop élevé pour leurs
médiocres facultés, ou bien encore ne voulant que *glaner*, se
font un thème adroit de le *dégus-*
ter tout le long de leur chemin,
en s'appliquant à parcourir les
lieux qui tolèrent les *filles*. Ainsi
sans bourse délier, au prix seul
de quelques rebuffades énergiques
et épithètes graveleuses, ils se
composent jusqu'au logis, un
petit butin de voluptés ambulantes
et passagères, en faisant sur chacune de ces nymphes dociles et

amadouées par l'espoir de faire
un *miché*, une prise à la volée
et gratuite de faveurs plus ou
moins grandes sur des charmes
relevés en étalage. J'ai déjà dit
que la plus grande obscurité ré-
gnait aux deux bouts du boulevard Coblentz , et cette absence
de lumières fait ressembler nos
belles de nuit à des ombres fan-
tasmagoriques qui , de même
que chez Robertson, viennent
voltiger sous vos yeux , en vous
menaçant de leur apparition sou-
daine. Il n'est pas rare que quelqu'aimable fou , sans aucun intérêt, se plaise à payer des glaces
à une ou deux de nos héroïnes,

qui, fort peu délicates sur le sentiment des convenances , comme on peut bien se l'imaginer , s'attablent philosophiquement avec le premier venu et redoublent dans les salons de *Tortoni* le scandale de leur présence , si toutefois on a consenti à les y laisser entrer; car la plupart du temps c'est sur la terrasse qu'elles prennent les rafraîchissemens dont les jeunes gens les régalent. Il est vrai que ce n'est souvent qu'à la suite de mille importunités de leur part et des sollicitations les plus énergiques, qu'elles obtiennent cette condescendance. Je crois qu'il est temps de clore ici la liste de tous ces portraits et de réserver les autres matériaux de mes promenades et de mes souvenirs pour en composer la deuxième soirée.

DEUXIÈME SOIRÉE.

On pense peut-être que dans les objets de comparaison que j'ai rapprochés du boulevard dont nous examinons à fond en ce moment la constitution physique et morale, je commettrai une omission impardonnable en ne citant pas le *boulevard de Gand* auquel se rattachent tant de souvenirs délicieux ; on ferait alors une cruelle injure à nos opinions politiques de supposer un instant cet outrageux oubli.... — Le boulevard de Gand qui n'était avant qu'un *chinois*, tient une place trop distinguée dans les localités et les curiosités de la capitale ; il est, dis-je, un point de ralliement trop chéri des vrais amis du Roi, pour ne pas trouver, je ne dirai pas une place, mais même un temple dans mes SOIRÉES, si mon cœur pouvait lui en ériger un ; ce boulevard s'est revêtu depuis peu de temps de formes nouvelles, sous bien des rapports ; outre les marchandes fleuristes, bouquetières, les étalagistes de caricatures, des cabinets littéraires se sont ouverts en quelque sorte à l'ombre et sous l'égide du parasol de la statue chinoise des bains chinois; notre boulevard Coblentz n'a pas, il est vrai, un pareil établissement sur sa frontière ni même tout près de *Tortoni* que je considérerai ici comme sa brillante métropole nouricière, mais en revanche ce restaurant du meilleur ton, ne dédommage-t-il pas bien ses partisans de la privation d'une maison de bains qui serait absolument sous la main?..... Quelles compensations avantageuses vous sont offertes de toutes parts pour ce seul point qui manque!..... D'abord, un théâtre (place Favart), qui quoiqu'il vous *tourne le dos*, ne vous en accorde pas moins ses libres entrées ; Euterpe elle-même, l'enchanteresse *Catalani* y préside, c'est l'Apollon féminin de cet harmonieux empirée ; ensuite le voisinage des bains *Tivoli*, peut consoler quelque naïade amie des eaux. Qu'elle se rende à deux pas de là, à la rue des Trois-Frères, elle sera satisfaite ; la distance est si petite que j'ai souvent remarqué une jeune beauté accompagnée d'une domestique, se reposer immédiatement après le bain à mon boulevard favori; les serviettes, la chemise encore mouillées, que la servante portait dans un petit paquet, annonçaient que le court trajet les avait décidées à venir se rafraîchir sous le toit hospitalier de ma promenade de prédilection : heureuses serviettes !..... me disais-je alors, en les regardant furtivement, que d'idées vous faites naître dans mon imagination !.... ; dépositaires des plus doux attouchemens, vous avez été promenées et *repromenées* sur les appas les plus secrets.......... ; vous avez épongé l'eau qui les a baignés...., vous.... Mais j'allais oublier dans cet *aparte* érotique que mon lecteur attend de moi de nouveaux détails, qu'il n'aime pas surtout que la scène languisse ; qu'elle veuille donc bien me donner sa

jolie main , si c'est une belle
dame qui daigne me lire, et qu'elle
consente à m'accompagner dans
les allées et venues de ma troisième
soirée.

~~~~~
~~~~~

TROISIÈME SOIRÉE.

Il est sept heures et demie, et c'est, si je ne me trompe, aujourd'hui vendredi : à merveille, c'est *le jour de barbe*, si je puis m'exprimer ainsi, de notre célèbre boulevard ; c'est la journée des bonnes fortunes, des projets de grandes conquêtes ; on y déploiera tout l'appareil des toilettes préparées quarante - huit heures d'avance ; on a passé la nuit chez *le Roy*, chez *Vouloup*, (1)

____

(1) Fameux magasins de modes, rue de Richelieu.

pour finir les ajustemens, les chapeaux ; Cabasson, riche bijoutier au Palais-Royal, a remonté d'un style plus moderne, vingt parures de diamans, tout l'arsenal des coquettes enfin est en mouvement........ — Ne vous attendez pas au moins à voir éclater sur nos boulevards Coblentz, comme sur ceux d'une belliqueuse citadelle, l'obus traîtresse, la bombe foudroyante ; nous y entendrons encore moins les sifflemens perfides de la balle de carabine ; des pots-à-feu n'y éclaireront pas la scène pour l'ensanglanter ensuite......... — Point du tout, notre boulevard , rien moins que guerrier , mais précieux magasin de brillantes bagatelles , de charmans coli-fichets , au lieu de grenades , offre des lis odorans ou artificiels ; pour redoutes , des chaises amoncelées , heureuses de recevoir les formes les plus attrayantes de la beauté, de la jeunesse ; ses feux de file sont ceux de l'amour ; sa salpétrière , les beaux yeux de nos charmantes Parisiennes, et ses approvisionnemens de bouche, le fameux *Tortoni* , l'opulent *Le Riche* qui restaurent les amazones et les guerriers , le matin par leurs rognons au vin de Champagne, et le soir par leurs gélatines, leurs glaces, leurs sorbets et leurs punchs odoriférans...—Oui, madame, qui me faites l'honneur de lire cette folle bluette, voilà pour mon boulevard ses seuls titres à la gloire de Mars ; il n'a donc rien de commun avec ceux de Vauban ; loin de lui tout génie destructeur ; nous n'incendions pas, nous, au contraire nous rafraîchissons nos guerriers sur ce sol restaurateur ; trois dieux règnent enfin dans cette allée antique ; Bacchus, Momus et Comus ; Vénus y fait également quelques promenades, mais elle n'y fait qu'effleurer la galanterie, tandis que les trois Dieux joyeux que je viens de nommer y ont leurs autels en permanence.

Mais quel est, me demande-t-on, ce nouvel Apollon, cet autre disciple de Garat, qui le col nu, dans un négligé intéressant, vient en plein vent, et près de nous, moduler des accens enchanteurs ?..... et prenant alternativement *le fausset* avec autant de grâce que d'habileté, nous cause des diversions si agréables !... Comment, vous ne le reconnaissez pas à son cortége italien composé d'une guitare', d'un cor et d'un violon ??.. c'est le déclamateur Théodore ; l'enjouement, la grâce, la gaieté, la bonhomie

respirent dans ses chants ; trou-
badour philosophe, content de
sa fortune de mélomane, il tra-
verse le fleuve de la vie sous les
auspices de la plaintive romance,
du vif *allegretto* et de la *cantate*
majestueuse..... ; son talent lui
permettrait bien l'entrée de quelque théâtre, mais il préfère son
rôle ambulant, et ne voulant pas
s'assujettir aux entraves des cou-
lisses, il savoure les charmes de
sa liberté, en répandant sa gaieté
et ses *roulades* dans tous les carre-
fours de Paris et particulièrement au boulevard Coblentz.
Mais quel brillant équipage vient
s'arrêter sur sa lisière !..... C'est

celui d'une beauté célèbre; elle est accompagnée d'un homme d'état; faisons-lui place : accourez donc, madame la loueuse de chaises, offrez - en une des plus propres à notre bien-venue qui va devenir le plus bel ornement de ces lieux. C'est la charmante R***, dit un jeune homme à voix basse; bientôt son arrivée fait spectacle; et c'est vraiment ici que la beauté devient un poids, un présent incommode pour celle qui la possède; un groupe s'est déjà formé autour d'elle; d'autres s'arrêtent, enviant le sort de ceux que le hasard avait déjà placés près de la reine de notre boulevard ;

ceux qui surviennent ensuite, s'amoncelant sur un troisième, puis sur un quatrième rang, ne peuvent admirer madame R*** qu'à travers mille incommodités, mille chocs douloureux, et ont à peine le plaisir de lui payer un tribut fugitif, obsédés comme ils le sont de mille contrariétés causées par la foule qui s'augmente de minute en minute derrière eux. Quelle belle *table !* s'écrie indiscrètement celui-ci ; oui, ajoute ce mauvais plaisant : mais c'est dommage que ce soit une table *d'hôte.* Quel profil parfait ! reprend cet artiste, c'est celui de *Niobé.* Le profil d'une colombe n'est pas plus pur , dit d'un ton mielleux un homme qui se pique de faire le connaisseur. N'avez-vous pas remarqué ce vieux personnage dont l'air chagrin, morose et désapprobateur, blâme tout ce que l'on admire ? et opposant aux beautés du temps présent ses souvenirs surannés, semblé vouloir nous prouver que la nature dégénère avec sa décrépitude et ne produit plus rien de beau depuis que sa vue éteinte lui permet à peine de distinguer les objets. Il fallait voir la Duté, la T***, s'écrie-t-il d'un air affecté et dédaigneux ; quelle taille en pain de sucre renversé !.... on l'eût tenue dans les dix doigts (comme si le corps d'une guêpe avait jamais eu quelque chose d'admirable). Puis , continue-t-il dans son plaisant enthousiasme , alors nous avions de la poudre, des mouches, des branlantes, des paniers , gardiens précieux de la vertu des femmes , des talons de deux pouces de haut , et la petite cornette *en cœur*.... J'abandonnai ce radoteur, amant aveugle et partial du passé , et je m'approchai d'un petit Savoyard accouru de ses montagnes pour essuyer l'hiver, la suie de nos cheminées, et, comme la cigale , chanter tout l'été dans nos promenades. Au milieu du bourdonnement de cent voix discordantes , du bruit du rouage des équipages arrivant et partant , d'une dispute survenue entre deux hommes qui préludent par quelques essais de pugilat, se font entendre les sons criards, aigres et aigus de la petite vielle de notre jeune Savoyard dont le jeu discordant fait frémir douloureusement toutes les fibres de l'ouie. Bientôt à la fin d'un air continuellement défiguré, il sort de sa boîte sa marmotte dont la figure hideuse ne manque pas d'effrayer les jeunes demoiselles qui en sont près et qui, par affectation , ajoutent encore à leur frayeur naturelle, pour se rendre intéressantes. Sur ces entrefaites, un homme assez bien mis prend à part le petit frère cadet de *Fanchon*, lui met quelques petites pièces de monnaie dans la main, en lui demandant de se laisser regarder la bouche. C'est une dent *canine*, ou autrement dit, *incisive*, qu'il faut à ce dentiste (car notre homme en est un) : une femme riche qui a la pareille dent gâtée, veut tâter de ce procédé, dont on a souvent entretenu le public ; elle veut enfin essayer, sur les protestations qui lui en ont été faites maintes fois par les gens de l'art, s'il est possible

7 *

qu'une dent saine arrachée dans le moment et mise à la place d'une mauvaise fraîchement enlevée, puisse prendre racine. Elle a donc promis cinquante louis à notre dentiste, s'il peut opérer heureusement en elle cette bizarre transplantation. C'est pourquoi notre homme est à la recherche de ces pauvres enfans dans la misère, prêts à se laisser mutiler pour une bagatelle. Il a trouvé ce qu'il lui faut dans notre petit musicien ambulant; il l'a déjà instruit que s'il veut faire le sacrifice d'une dent qu'il lui désigne (ce qui d'ailleurs ne lui fera aucun mal, lui dit-il), il y aura six louis d'or pour lui. L'enfant est décidé, il l'enlève dans un fiacre, et l'opulence fait ainsi servir ses richesses corruptrices à rendre la nature tributaire de ses monstrueux caprices, de ses essais meurtriers sur l'indigence qui se livre à un vil prix, poussée en cela par d'affreux besoins. Laissons cet épisode pénible et ramenons nos regards sur la diversité infinie des classes qui composent la foule au boulevard Coblentz. Ne croyez pas que la simple bourgeoisie, la robe, la magistrature, le commerce, les armées, soient les seuls élémens qui y figurent ; des *altesses*, des *Excellences*, des *MAJESTÉS* même, à la faveur d'un obscur *inco-gnito*, et sous le masque modeste d'un habit bourgeois, nouveaux Jupiters, dépouillés de leurs foudres et de leurs carreaux, viennent se mêler à la foule des simples mortels. Ingénieux à se soustraire aux regards scrutateurs de leurs courtisans, ils veulent jouir de temps en temps des charmes d'une vie libre et surtout de ceux de la vérité qui ne les approche jamais dans leurs palais que sous mille enveloppes perfides...... — Débarrassés de l'éclat importun de leurs diadêmes et de la pourpre impériale, ils aiment à entendre parler la nature elle

même sur vingt tons différens…..
Souverains philosophes , dignes
imitateurs de l'immortel czar ,
Pierre-le-Grand , ils la recher-
chent loin du poison des cours ;
et comme le grand Alexandre Ier,
ne la redoutant pas , ils jouissent
encore malgré eux des hommages
les plus flatteurs pour un monar-
que , ceux d'une louange dictée
par une juste admiration , sous
les auspices de la liberté et d'un
entier désintéressement ; quelquefois ces souverains qui se font
de gaieté de cœur , hommes vul-
gaires pour quelques tours de
promenades au boulevard Coblentz et s'y présentent escortés

de leurs seules vertus , comme vient de le faire encore récemment au jardin des Tuileries , Louis-le-Désiré , sont bientôt reconnus par quelques-uns de leurs nombreux admirateurs , ou quelques témoins de leurs exploits , ce qui est arrivé au vainqueur de L***, et au duc de W*** ; c'est alors que les plaisirs modestes de l'*incognito* , le charme de se dérober à sa propre gloire , sont aussitôt évanouis comme les vapeurs légères qui couvrent un astre brillant ; l'œil du public n'a pas besoin d'être aidé par le genre d'uniforme ou la nature des décorations , il est aussitôt frappé des traits d'un héros , d'un grand homme que la renommée lui a rendu familier , et notre ALTESSE et notre MAJESTÉ sont bientôt obligées , en renonçant aux attraits de leur obscurité d'un moment , de reprendre le fardeau de leur gloire et celui des applaudissemens du peuple.....

La nuit (c'est-à-dire près de deux heures du matin) , vient enfin mettre un terme à toutes les scènes ; pour le coup notre boulevard devient vide et désert ; les chaises amoncelées , cadenassées par un cordon de chaînes, et formées en manière de gabions creux , recèlent quelquefois un homme ivre , endormi , que l'on n'aura pas aperçu et autour duquel on aura échafaudé cette bizarre prison transparente ; il se réveille tôt ou tard ; des *filles* attendent ce comique moment pour jouir de sa surprise et de son embarras ; cependant à force de coups de pied et d'efforts de toute nature , il parvient à faire écrouler le donjon qui l'enfermait et gagne d'une marche vacillante son logis , aux huées et aux plaisanteries de nos *coquines*. — *Le Riche, Tortoni*, sont fermés, ou bien, si quelque société de jeunes gens qui veulent prolonger leurs folies plus avant dans la nuit avec l'agrément du maître et surtout des garçons , enfermés dans le café , y vident secrètement un bol de punch , c'est avec les plus grandes précautions et le plus grand silence , pour éviter l'amende et les dépositions de la patrouille de ronde : on a d'ailleurs pris soin que les lumières ne s'aperçoivent pas en dehors.

Vous ne démêlerez donc plus au milieu des ombres de la nuit que les pas précipités d'un joueur dont les juremens , les vociférations , les blasphêmes vous apprennent assez la manière cruelle dont l'a traité la malencontreuse fortune... ou bien ce sera la lanterne de papier huilé d'un *falot*, dont l'escorte dangereuse cache quelquefois sous cet accoutrement , le complice de quelque *guet-à-pens* , de quelque piége homicide où l'assassin , de concert avec d'autres scélérats , veut vous faire tomber, si vous ne connaissez pas les rues de la capitale. Etranger , compatriote , ne t'y fie pas et suis mon conseil ici ; ce guide équivoque ne m'a jamais paru sûr, et d'ailleurs ce déguisement est trop facile à prendre pour un fripon. Gagnez donc votre demeure à pas précipités , et évitez soigneusement les présens *odoriférans* que l'on peut vous faire d'un cinquième étage ; également les chevaux et les roues de cette voiture qui brûle le pavé, elle contient un joueur du haut parage , qui a joué avec un guignon incroyable ; son cocher tremblant d'être grondé sans motif par son maître qui est d'une humeur massacrante , met les chevaux en nage pour arriver plus vite à l'hôtel et éviter , comme on dit , une querelle d'Allemand. Je vous estimerai donc bienheureux si , gagnant votre maison , vous n'êtes pas encore séduit par quelque nymphe atardée au bal *des Etrangers*, et qui demeure rue Le Pelletier.

QUATRIÈME SOIRÉE,

ET DERNIÈRE.

CONSACRONS cette quatrième Soirée au plaisir de connaître en détail l'intérieur des localités, adjacences et dépendances des *Domaines* royaux du boulevard Coblentz.

Sans doute, son plus bel appanage, le plus beau joyau de sa couronne, c'est l'établissement *Tortoni ;* c'est vraiment ce qu'on pourrait appeler ici son château des Tuileries, sa résidence de choix, et je ne considérerais le restaurant *Le Riche* que comme son *Versailles* ou son *Saint-Cloud.* Vous arrivez au pérystile de ce temple sous une nouvelle galerie de dix-huit à vingt lanternes d'une forme tout à fait moderne et gracieuse ; ces jolis petits lustres de verre suspendus aux branches des arbres prolongent, pour ainsi dire, la lumière du jour et permettent qu'on contemple les jolies femmes comme *en plein midi.* A peine êtes-vous entrés sous le vestibule de *Tortoni*, vous êtes éblouis autant par le luxe des toilettes, l'élégance du beau monde, la multiplicité des glaces, que par l'éclat et la profusion des lumières ainsi que

8*

par le goût et la richesse de la dé-
coration du lieu. Vous montez
aussitôt à votre droite un escalier
tortueux, garni d'un beau tapis de
pied ; et si la foule retarde le plaisir dont vous brûlez de jouir en
haut de ce brillant réfectoire ;
quelquefois heureusement placé
derrière une jolie femme qui sans
nécessité , mais par calcul , a
troussé sa robe jusqu'au mollet ,
vous craignez bientôt d'arriver
trop vite ; savourant à votre aise
les élégans contours et la perfec-
tion d'une jambe, la petitesse d'un
pied qui vous est du plus heureux
augure , dans cette contemplation
voluptueuse, vous redoutez de voir

terminer promptement un tel plaisir ; vous vous félicitez secrètement
de tous les obstacles apportés par
le tumulte à votre arrivée au haut
de cet escalier ; le comble n'est-il
pas mis à votre bonheur , jeune
homme plein des illusions du bel
âge, qui me lisez , si par un choc
soudain venu d'en haut, l'aimable
propriétaire de cette belle jambe ,
rejetée avec la foule sur vous-
même , vient faire heurter ses belles
formes sur votre poitrine ??? ....
Quelles délices ! .. D'autant plus
que cette volupté est l'ouvrage du
hasard, inattendue ; c'est un im-
promptu sans apprêts , et qui cause
les ébranlemens les plus vifs dans

tout le système nerveux; le pré-
texte spécieux de la politesse et
d'une généreuse bienveillance
peut même vous permettre quelques attouchemens sur cette taille
élégante qui est en point de con-
tact si immédiat avec vos sens sur
lesquels elle cause déjà les plus
grands ravages. . . — Avec un :
« *Oh ! madame, prenez bien garde*
» *de vous faire mal; je vous presse*
» *peut-être, mais c'est bien malgré*
» *moi,* » (ce qui, par parenthèse,
arrive souvent aux descentes des
spectacles, où il se commet les plus
heureux larcins), vous vous faites
à vous-même beaucoup de bien ;
vous savourez longuement votre

félicité, en ceignant de vos mains brûlantes une chute de reins divine que jamais vous n'eussiez pu prétendre de toucher , vu l'immensité de la distance de votre état au rang de notre héroïne. Voilà, cher *Tortoni*, les premiers effets bienfaisans de ta brillante célébrité; on ne parvient à toi , que sous les auspices du plaisir ; comme Vénus tu confonds tous les rangs, et si tu les fais brûler des feux de cette puissante déesse, tes sorbets, ton punch, tes glaces au dessous de zéro , suivant le baromètre de *Chevallier*, apaisent peu à peu l'ardeur des apôtres de ton culte.

La partie morale de l'intérieur des appartemens aussi somptueux qu'élégans et semblables à une *féerie* plutôt qu'à des salons de limonadier, a plus d'une fois sans doute exercé l'attention d'un *Mercier* du jour, d'un petit *Labruyère*, d'un *franc parleur*, ou de l'homme arrivé des bords de l'Orénoque ; les personnages y sont cependant si mobiles, qu'il est difficile de saisir leurs ridicules ; voyons si en petit Aristophane je parviendrai à satisfaire à cet égard mes lecteurs ; pénétrons donc exprès dans les salons de gauche donnant sur la rue d'Artois : assis modestement dans un coin, pas-

sons en revue les *venans* et les *par-*
tans.—On ne peut plus à propos ;
voilà justement une société de l'île
Saint-Louis, qui depuis six mois
projetait la partie d'aller prendre
des glaces chez *Tortoni*, pour voir,
comme on dit, un peu de tout.
A la manière moqueuse, cava-
lière et dérisoire dont les *garçons*,
toujours assez bons physionomis-
tes, traitent cette société, en se
lançant les uns aux autres des
coups d'œil furtifs et dédaigneux,
on voit qu'ils ont déjà jugé nos
habitans surannés et gothiques de
l'île Saint-Louis. Avec quelle len-
teur cette société composée de la
famille entière de M^r. et M^{de}. *De-*

nis, se détermine sur le choix des glaces, après avoir vingt fois combiné les prix qui lui paraissent *exorbitans, monstrueux*... — Combien de questions aux garçons !.. et combien de fois encore ne se sont - ils pas fait expliquer ce que dit ceci, et puis que signifie cela?.. Le *père noble* de la troupe grotesque, autrement dit *le grime*, assure que *de son temps*, les choses étaient beaucoup meilleur marché; la tante parle de se retirer. Ce serait une folie, observe-t-elle, en agitant un long éventail de taffetas vert et en bois de rose : pour la jeune personne, c'est autre chose, elle fait ici la moue et dit

tout bas à son *papa* , « qu'elle
» renoncerait plutôt pendant trois
» semaines aux trois livres que sa
» grand'maman lui donne cha-
» que dimanche , pour prix des
» soins qu'elle prend de sa per-
» ruque et de ses *papillons*, plutôt
» que d'avoir fait en vain une si
» longue course ». (*Prenez , s'il
vous plaît , mon cher lecteur, le
plan de Paris , et mesurez la distance qu'il y a depuis la rue* de
la *Femme-sans-Tête , Isle Saint-
Louis , jusqu'à Tortoni , rue Taitbout.*) La bonne , chargée de deux
parapluies garnis de leurs étuis
en toile verte , d'une petite
chienne à longs poils , et d'une

9

canne à parasol de taffetas vert-
pomme flambé, surmontée d'une
tête de perroquet en porcelaine,
appuie d'un mouvement de tête
la gourmandise et le dévouement
héroïque de sa demoiselle, et le
jeune homme, *don Innocentin*,
conclut que, puisque la démar-
che en était faite, il faut que le
sacrifice le soit aussi; on apporte
enfin des glaces *panachées* et des
petites pâtisseries croquantes *aux
lys*, le brillant plateau qui sou-
tient cet édifice de sucreries liqui-
des et congelées, frappe aussitôt
d'étonnement et d'admiration les
convives qui ne touchent qu'en
soufflant à maintes reprises, avec

les dents et la langue, aux petites pyramides fondantes qu'on leur a servies. Par exemple, la demoiselle, comme pour *éterniser* des momens si doux, sans se servir de sa petite cuiller, fait entrer et place entre ses lèvres, sans trop l'écorner, le petit *obélisque* liquide qu'elle a devant elle, et le faisant jouer ainsi dans sa bouche par certains suçons alternatifs, gourmands et luxurieux, éveille l'imagination libertine de deux mauvais plaisans assis près d'elle, qui veulent reconnaître dans son action un acte de volupté excessive, et osent dans leurs folles gorges chaudes, la comparer à certain épisode, certain égarement d'amour, qu'il nous est plus facile de laisser présumer ici que d'expliquer clairement. — Aïe! dit la servante, ça me glace les dents... ça me brûle le palais.... — Oh! que c'est bon! oh! que c'est froid! oh! que c'est froid! oh! que c'est bon! s'écrie à chaque instant le jeune homme qui tremble de voir finir son bonheur. Enfin l'on paye, et après avoir mille fois *liardé* sur le prix, s'être débattu avec les garçons et avoir scrupuleusement compté les petites pièces de monnaie qu'ils ont rendues, on se retire en donnant à rire à tous les groupes voisins, qui chacun, dans un style différent , ont fait tout bas et même tout haut, la satire de nos descendans de *la vieille roche.*

Mais combien n'est-il pas peut-être plus risible ce fat qui me rappelle parfaitement cette ingénieuse caricature de *l'égoïsme personnifié !* placé ou plutôt scandaleusement étendu sur quelques tabourets, le dos appuyé aux boiseries, réfléchissant complaisamment sa figure dans toutes les glaces, une cravache en l'air, il demande d'un ton impératif, un sorbet vanillé ; sa voix, son ton clapissant attirent sur lui tous les regards : chacun dit en soi-même : oh ! le sot

animal!.. on ne sait ce qui dé-
goûte le plus en lui, ou des frais
de sa ridicule toilette, ou de sa
figure impudente; il croit pouvoir
rire de la tournure de deux An-
glaises dont l'esprit national ne
se plie pas aux modes de tous les
pays; dans sa sotte prévention, il
voudrait qu'il n'y eût *qu'un tailleur et une marchande de modes
pour toute l'Europe*.... Son dédain et ses grands airs d'improba-
tion font bientôt place à un autre sentiment, celui de l'admiration : une réunion brillante, composée de cinq femmes toutes plus
jolies les unes que les autres et
mises en vrai *style de la Chaussée*

d'Antin, c'est-à-dire coîffure *à la Vallière*, tunique mousseline brodée, bracelets à la *Marie-Thérèse*, le sein un peu découvert, mais orné d'un décuple rang de perles fines, vient répandre mille charmes dans le salon qu'elles choisissent, et avec l'éclat de leur beauté, tous les parfums qui s'exhalent de leurs charmantes personnes : ici l'esprit de critique s'évanouit, meurt, et la jalousie éveillée des autres femmes, donne bientôt lieu à mille réflexions envieuses et désobligeantes ; elles ont l'air gauche, dit celle-ci ; une belle tête, il est vrai, ajoute celle-là, mais point d'expression : notre jeune fat ardent de déployer en cette occasion tous ses avantages, a haussé ses gilets de deux pouces au moins ; sa cravatte ne lui paraît pas cependant en état parfait de *triompher*, il l'arrange donc de nouveau avec une *afféterie*, un ridicule qui fournit du bon sens à toutes les tables ; son *lorgnon* est vingt fois pris et repris, et ses lèvres léchées et mordues jusqu'au sang, pour en obtenir un coloris vermeil, ne s'ouvrent que pour attraper du vent ou pour gourmander les garçons d'un ton de prince. Des militaires d'un certain rang et de toutes les nations, arrivent sur ces entrefaites, et un

Anglais se chargeant de commander les rafraîchissemens , offre les plus plaisantes méprises dans notre langue cruellement estropiée ; *des miroirs* , s'écrie-t-il !... *jeune* !..... *avec des panaches*...... pour dire *panachées*.......— Voilà donc , mes chers lecteurs , le récit historique de MA QUATRIÈME ET DERNIÈRE SOIRÉE au boulevard Coblentz. S'il fallait entrer dans mille autres détails , mille autres points d'observation ou de critique , des volumes entiers n'y suffiraient pas ; mais comme je n'ai pas prétendu ici faire un *corps d'ouvrage* , mais seulement une *éphéméride* qui pût donner une légère idée de la promenade que j'ai parcourue, je crois avoir atteint mon but; je désire que le public en juge de même et veuille bien honorer d'un bon accueil LES SOIRÉES DU BOULEVARD CO-BLENTZ ; je ne regretterais pas alors les fréquentes courses que j'y ai faites, pour le divertir un moment, et si par un bonheur dont je ne me flatte que difficile-ment, mes lecteurs témoignent jamais le désir que je leur consacre quelques nouvelles SOIRÉES, ils me verront, empressé à leur plaire, courir aussitôt à TORTONI, pour y faire un nouveau butin de remarques, et les rédiger avec le plus d'agrément que mes faibles moyens me le permettront.

FIN.